GRESER & Lenz

Endlich Führung

GRESER & Lenz

Endlich Führung

Die Chronik des Jahres 2024

Texte von Jasper von Altenbockum

Frankfurter
Allgemeine
Buch

Bibliografische Information der Deutschen Nationalbibliothek
Die Deutsche Nationalbibliothek verzeichnet diese Publikation
in der Deutschen Nationalbibliografie; detaillierte bibliografische
Daten sind im Internet über http://dnb.d-nb.de abrufbar.

Frankfurter
Allgemeine
Buch

Copyright: Fazit Communication GmbH
Frankfurter Allgemeine Buch, Pariser Straße 1,
60486 Frankfurt am Main

Satz: Jan Hofmann
Umschlag: Nina Hegemann
Texte: Jasper von Altenbockum
Druck: CPI books GmbH, Leck
Printed in Germany

1. Auflage, Frankfurt am Main 2024
ISBN 978-3-96251-195-1

Frankfurter Allgemeine Buch hat sich zu einer nachhaltigen Buchproduktion verpflichtet und
erwirbt gemeinsam mit den Lieferanten Emissionsminderungszertifikate zur Kompensation
des CO_2-Ausstoßes.

Der Stoff, aus dem die Witze sind

Wer wollte jetzt noch daran zweifeln, dass Achim Greser und Heribert Lenz neben ihren herausragenden humoristischen Talenten auch prophetische Gaben haben? Zur Wahl in Amerika hatten sie einen Donald Trump porträtiert, den sie – in Anspielung auf dessen Prahlerei, den Krieg in der Ukraine in nur einem Tag zu beenden – sagen ließen, er werde als Präsident die Probleme der Ampelkoalition in nur einer Stunde lösen. Gut, ein paar Stunden länger dauerte es dann schon, Trump ist ja auch nicht sofort im Weißen Haus einmarschiert, was nach der Vorgeschichte denkbar gewesen wäre. Aber noch am Abend desselben Tages lösten sich die Probleme der Ampel zusammen mit ihr in Luft auf. Als Bundeskanzler Scholz anschaulich begründete, warum er seinen Finanzminister Lindner in die Wüste schickte, verwies er auch auf den Wahlsieg Trumps.

Am Schluss brach zwischen den Ex-Koalitionspartnern zwar noch ein kleiner Rosenkrieg aus, aber schnell wurde klar, dass auch die frisch Geschiedenen froh über das Ende ihrer Mesalliance waren. Scholz konnte endlich einmal die Führung liefern, die schon so oft bei ihm bestellt worden war. Lindner musste zwar zugeben, dass er sich im Kanzler getäuscht habe, dankte diesem aber dafür, ihn auf die Straße gesetzt zu haben, denn auf der Straße fühle er sich wohl. Von einem Porsche-Fahrer hätte man auch nichts anderes erwartet. Nur Vizekanzler Habeck meinte anfangs noch, die Trennung fühle sich falsch an. Doch auch „der Robert" fing sich in der Küche von Freunden recht schnell wieder und summte „Zeit, dass sich was dreht", was ihm dann allerdings vom Komponisten verboten wurde, obwohl die Melodie kaum zu erkennen war.

Die Ampel ist also Geschichte, und die wiederholt sich zum Glück nicht – es sei denn, die Lektionen, die sie der Menschheit erteilt hat, werden nicht so vorbildlich wie von uns Deutschen beherzigt. Daran, dass Trump noch einmal vier Jahre lang im Weißen Haus Unheil stiften darf, sind eindeutig nicht wir schuld, sondern die Amerikaner. Allerdings hat Trump auch hierzulande glühende Anhänger, vor allem im Westen der Republik; die Ossis fremdeln selbst 35 Jahre nach der Wende noch mit den Amis. Das Modell „Starker Mann" erfreut sich aber auch und gerade im Osten wieder größter Beliebtheit. Dass in den Landtagswahlen in Brandenburg, Sachsen und Thüringen auch Sahra Wagenknecht absahnte, steht dazu nicht in Widerspruch. Sie hat sehr deutlich gemacht, wer in ihrer Partei die Hosen anhat.

An all das und noch viel mehr, was in den vergangenen zwölf Monaten geschah, erinnern die auf den folgenden Seiten abgedruckten Witze von Greser und Lenz. Jasper von Altenbockum hat dazu wieder aufgeschrieben, welche Ereignisse die Zeichner der F.A.Z. auf ihre fabelhaften Ideen brachten. Am Ende des Buches feiern wir den zwanzigsten Band der gesammelten Werke von Greser und Lenz mit einer Auswahl von Witzen aus den Jahren 2005 bis 2023. Sie belegen, dass es in der deutschen Politik auch schon vor der Ampel verrückt zugehen konnte. Und warum sollte das in Zukunft anders sein? Wir wagen jedenfalls die Prophezeiung, dass auch in den nächsten vier Jahren nicht nur Trump den Stoff liefern wird, aus dem die Witze sind.

Berthold Kohler
HERAUSGEBER DER FRANKFURTER ALLGEMEINEN ZEITUNG

Die Linksfraktion im Bundestag beschließt am 14. November 2023, sich zum 6. Dezember aufzulösen. Zuvor hatten zehn Abgeordnete um Sahra Wagenknecht angekündigt, aus der Partei auszutreten und eine neue Partei ins Leben zu rufen. Das „Bündnis Sahra Wagenknecht", kurz BSW, wird am 8. Januar 2024 gegründet.

Die Linksfraktion löst sich auf: alles muss raus

Das Bundesverfassungsgericht erklärt in einem Urteil vom 15. November 2023 das Zweite Nachtragshaushaltsgesetz von 2021 für nichtig. Die Bundesregierung hatte einen Teil der 60 Milliarden Euro, die zur Bekämpfung der Corona-Pandemie gedacht waren, in den Klimafonds übertragen. Im Haushalt fehlen nach dem Urteil 17 Milliarden Euro.

Woher mit den 60 Milliarden?

Der CDU-Vorsitzende Friedrich Merz
wirft Bundeskanzler Olaf Scholz (SPD)
am 28. November 2023 in der Haushalts-
debatte im Bundestag vor, das Angebot der
Opposition ausgeschlagen zu haben, mit ihr
zusammenzuarbeiten. Er sagt: „Sie sind ein
Klempner der Macht." Und: „Sie können es
nicht."

Was läuft da zwischen Merz und Scholz?

Am 13. Dezember 2023, knapp einen Monat nach dem Urteil des Bundesverfassungsgerichts zur Schuldenbremse, legt die Ampelkoalition einen vorläufigen Entwurf für einen Sparhaushalt vor. Am 11. Dezember beschließt die Deutsche Fußball Liga, einen externen Investor für die erste und zweite Bundesliga zu engagieren.

Vorbild Deutsche Fußball Liga

In der Weihnachtszeit 2023 liegt die mittlere Lufttemperatur in Deutschland um mehr als drei Grad über dem Durchschnitt der Referenzperiode in der zweiten Hälfte des 20. Jahrhunderts.

Frohe Weihnachten

Die Zahl der Neuzulassungen sogenannter Sport Utility Vehicles (SUV) steigt 2023 in Deutschland auf ein Rekordniveau. Fast jeder dritte Neuwagen war ein SUV.

Nach dem Urteil aus Karlsruhe zur Schuldenbremse vergehen Ende 2023 Wochen, in denen in der Ampelkoalition um die nötigen Einsparungen im Haushalt gerungen wird. SPD und Grüne sympathisieren mit einer Reform der Schuldenbremse. Die FDP hält dagegen. Deren Vorsitzender und Bundesfinanzminister, Christian Lindner, gibt den liberalen Kurs vor: „Wir haben genug Geld. Wir müssen mit dem Geld, das wir haben, nur besser umgehen."

Eine neue Realität

Im Januar 2024 überschneiden sich Bauernproteste und Streiks der Lokführergewerkschaft GDL. Der Bahnverkehr liegt zeitweise lahm, aber auch zahlreiche Straßen sind durch Traktoren blockiert.

Liebe in Zeiten des Chaos: Bauer findet Lokführerin

Das Portal „Correctiv" berichtet am 10. Januar 2024 über ein „Geheimtreffen" am 25. November 2023 im Landhaus Adlon bei Potsdam. Dort sollen sich AfD-Politiker und Anhänger der rechtsextremistischen „Identitären Bewegung" über die „Remigration" von Ausländern und Deutschen mit Migrationshintergrund unterhalten haben. An den Wochenenden danach protestieren Zehntausende in Deutschland „gegen rechts".

Deutschland nach den Deportationen

Das „Bürgergeld", die neue Grundsicherung, steigt zu Beginn des Jahres 2024 im Schnitt um rund zwölf Prozent. Das ist weit mehr als die Inflationsrate. Deshalb wird der Ruf nach einer Nullrunde für 2025 laut.

Hilfe für Klimaopfer

Am 29. Januar 2024 teilt die „Letzte Generation" mit, dass ihre Aktivisten künftig auf Klebeaktionen verzichten wollen.

Die AfD spricht nach dem Bericht über ein „Geheimtreffen" rechtsextremistischer Ideologen von Lügen, die verbreitet würden. Sie habe nie von Deportationen gesprochen, sondern nur von freiwilliger Remigration. Am 1. Februar 2024 wird Bundestagsabgeordneten eine Petition mit 1,67 Millionen Unterschriften übergeben, die dazu aufruft, Björn Höcke, dem AfD-Landesvorsitzenden in Thüringen, die Grundrechte zu entziehen.

Die Sorgen der AfD

Zu Beginn des Jahres 2024 protestieren Landwirte an zahlreichen Orten in Deutschland gegen die Sparbeschlüsse der Bundesregierung im Haushalt für 2024. Unter anderem sollen Steuervergünstigungen für den Agrardiesel gestrichen werden.

Die neuen Bauernregeln

Laut der Ipsos-Studie „What Worries the World", die im Februar 2024 veröffentlicht wird, fürchten sich die Deutschen vor Inflation, Wohnungsnot und der Überforderung durch Flüchtlinge. Die Sorge vor wachsendem Extremismus ist ebenfalls groß. Nur in Israel ist sie noch größer.

Spionage, Migration, Kriegsangst, Kriminalität–Deutschland ist verunsichert

Am 11. Februar 2024 wird in 455 Wahl-
bezirken Berlins die Bundestagswahl von
2021 wiederholt. So hatte es das Bundesverfassungsgericht am 19. Dezember 2023
nach einer Beschwerde der CDU/CSU-
Fraktion gegen gravierende Unregelmäßig-
keiten verfügt. SPD, Grüne und FDP
verlieren bei der Wahlwiederholung, die
CDU und AfD gewinnen hinzu.

Balin, Balin ... 🙄

Am 16. Februar 2024 gibt das sibirische Straflager, in dem Alexej Nawalny inhaftiert war, bekannt, dass der Regimekritiker gestorben sei. Seiner Mutter wird der Leichnam erst am 24. Februar übergeben. Zahlreiche Personen, die an Protestzügen am Tag seiner Beerdigung am 1. März teilnehmen, werden festgenommen.

Was läuft eigentlich in Russland?

Am 19. Februar 2024 unterhalten sich der Inspekteur der Luftwaffe Ingo Gerhartz und drei Offiziere der Bundeswehr in einer Webkonferenz über Vor-und Nachteile einer Lieferung von Taurus-Marschflugkörpern an die Ukraine. Das Gespräch wird vom russischen Geheimdienst abgehört und in russischen Nachrichtenkanälen gesendet.

Was weiß Putin alles über uns?

Im Laufe des Jahres beginnen in Stuttgart, Frankfurt am Main und München die Prozesse gegen mutmaßliche „Reichsbürger" um Heinrich XIII. Prinz Reuß, die einen Umsturz in Deutschland geplant haben sollen.

Eischentlisch geht's kaan was aa,
mein Opa war bei der SA,
mei Oma sacht nischt ohne Stolz,
isch wär ganz aus dem selbe Holz.
Mei Hobbys: Wehrsport, schwarze Mess',
mein Schäfähund haaßt Rudolf Heß.
Fackelzüg un Uniforme,
in meim Intresse ganz weit vorne.
Dabei hab isch e rein's Gewisse,
vom 4. Reisch will isch nix wisse,
isch geh uff die Demonstratione,
egal ob links, rechts, oben ohne,
bin lupenreina Demokrat - und bitte:
des Volkes Stimme aus der Mitte.
Sieg heil! ist nischt mein Sprachgebrauch,
helau, alaaf tut's heute auch.

GRESER & LENZ

Höhepunkt der Session

Am 22. Februar 2024 stimmen die Fraktionen der Ampelkoalition im Bundestag gegen einen Antrag der CDU/CSU-Opposition, der Ukraine den Marschflugkörper vom Typ Taurus zu liefern. Nur die FDP-Abgeordnete Strack-Zimmermann schert aus und stimmt für den Antrag der Opposition. Bundeskanzler Olaf Scholz (SPD) lehnt die Lieferung strikt ab, weil die Reichweite zu groß sei und deutsche Soldaten vor Ort sein müssten, um den Einsatz der Waffen zu kontrollieren.

Braucht es deutsche Spezialisten für den Taurus-Einsatz?

Am 26. Februar 2024 wird die wegen zahlreicher Raubüberfälle gesuchte ehemalige RAF-Terroristin Daniela Klette in Berlin-Kreuzberg festgenommen.

Die RAF bleibt weiter aktiv

Am 4. März 2024 urteilt der Oberste Gerichtshof Amerikas, dass Donald Trump an den Vorwahlen für die Präsidentschaftswahl im November 2024 teilnehmen darf. In zahlreichen Bundesstaaten war dagegen geklagt worden, weil Trump im Januar 2021 an einer Revolte, dem Sturm auf das Kapitol, beteiligt gewesen sei.

Ist Trump noch aufzuhalten?

Am 14. März 2024 stimmt der Bundestag abermals über einen Antrag der CDU/CSU-Opposition ab, der Ukraine Taurus-Marschflugkörper zu liefern. Der SPD-Fraktionsvorsitzende Rolf Mützenich sagt in der Debatte, man müsse sich fragen, ob es besser sei, darüber zu reden, wie man einen Krieg führt, oder darüber nachzudenken, „wie man einen Krieg einfrieren und später auch beenden" könne. Der Antrag wird mit den Stimmen der Ampelkoalition abgelehnt.

Friedensforscher bei Feldstudien

Vom 15. bis 17. März 2024 finden in Russland Präsidentenwahlen statt. Wladimir Putin gewinnt die Wahl mit 88,5 Prozent der Stimmen. Er kann damit sechs weitere Jahre schalten und walten.

Russland – der Wahlkampf hat begonnen

Am 20. März 2024 wird im Schweizer
Fernsehen ein Interview mit Papst Franziskus
ausgestrahlt, in dem er die Ukraine
auffordert, im Krieg gegen Russland die
„weiße Flagge" zu hissen. Und weiter:
„Schämt euch nicht, zu verhandeln, bevor
es noch schlimmer wird."

Was ist eigentlich mit dem Papst los?

Am 21. März 2024 gibt der Deutsche Fußball-Bund bekannt, dass er den Ausstatter der Fußballnationalmannschaft wechselt. Ab 2027 liefert nicht mehr, wie seit mehr als 70 Jahren, Adidas die Trikots und Schuhe, sondern die US-Firma Nike.

Nach dem Ausstatterwechsel: der DFB legt nach

Im Februar 2024 scheitern die Verhandlungen über ein Ende der Bahnstreiks. Im März gibt es wieder Streiks. Erst am 26. März einigt sich die Deutsche Bahn mit der Lokführergewerkschaft GDL unter Führung von Claus Weselsky.

Unhold Weselsky, haben Sie das gewollt?

Die „Letzte Generation", die Unterstützer der Klimakleber, wird am 29. März 2024 zu den Europawahlen am 9. Juni zugelassen. Sie erreicht 0,3 Prozent der Stimmen in Deutschland.

Am 1. April 2024 bombardiert die israelische Luftwaffe das iranische Konsulatsgebäude in Damaskus. Mehrere Offiziere der Revolutionsgarden werden getötet. Am 13. April rächt sich Iran mit einem Vergeltungsschlag, worauf Israel wieder mit einem Luftangriff reagiert.

Israel schlägt mit Enthaarungsmittel zurück

Im April 2024 ist die Stimmung für die Ampelkoalition unter Bundeskanzler Olaf Scholz (SPD) so schlecht, dass die CDU/ CSU-Opposition laut über eine Koalition mit der SPD nachdenkt. Boris Rhein, der in Hessen mit der SPD regiert, sagt: „Ein christlich-soziales Bündnis von CDU/CSU und SPD wäre ein echtes Aufbruchssignal." Der Kanzler hieße in diesem Fall allerdings Friedrich Merz.

Was läuft da zwischen Merz und Scholz?

Am 7. April 2024 veröffentlicht der Bundestag die Rechenschaftsberichte der Parteien für das Jahr 2022. Daraus geht hervor, dass knapp 45 Prozent der Einnahmen der AfD aus öffentlichen Kassen stammt.

GRESER & Lenz

Am 13. April 2024 bricht Bundeskanzler Olaf Scholz zu einer drei Tage während en Reise nach China auf. Am 16. April trifft er Staatspräsident Xi Jinping.

Stecken uns die Chinesen in die Tasche?

Am 24. April 2024 wird bekannt, dass ein Mitarbeiter Maximilian Krahs, des Spitzenkandidaten der AfD für die Europawahl, wegen Spionageverdachts festgenommen wurde. Der Mann soll für China spioniert haben. Krah entlässt ihn. Wenig später gerät Krah selbst in Verdacht, Geld aus russischen Quellen erhalten zu haben. Die AfD entschließt sich, ohne ihren Spitzenkandidaten Wahlkampf zu machen.

Die AfD macht weiter Europawahlkampf mit Herrn Krah

Im April 2024 häufen sich Angriffe auf Politiker und Helfer, die Plakate zur Europawahl am 9. Juni aufhängen wollen. Am 3. Mai wird ein SPD-Europaabgeordneter in Dresden schwer verletzt.

Wahlkampf im Osten

Auf einem Parteitag in Berlin gibt sich die CDU am 7. Mai 2024 ein neues Grundsatzprogramm. Die „Leitkultur" gehört darin zu den zentralen Begriffen: „Nur wer sich zu unserer Leitkultur und damit auch zu unseren Werten bekennt, kann sich integrieren und deutscher Staatsbürger werden."

Das Oberverwaltungsgericht in Münster urteilt am 13. Mai 2024, dass der Verfassungsschutz die AfD zu Recht als rechtsextremistischen Verdachtsfall eingeordnet hat. Das Verwaltungsgericht in Dresden weist am 16. Juli eine Klage der AfD zurück, die sich dagegen gewehrt hatte, dass ihr sächsischer Landesverband vom Verfassungsschutz als gesichert rechtsextremistisch bezeichnet wird.

Endlich gesichert rechtsextrem

Am 15. Mai 2024 wird auf den slowakischen Ministerpräsident Robert Fico ein Attentat verübt. Fico überlebt schwerverletzt.

Der AfD-Spitzenkandidat für die Europawahl, Maximilian Krah, sagt der italienischen Zeitung „La Repubblica" am 18. Mai 2024, dass nicht alle SS-Soldaten Verbrecher gewesen seien. Es seien „auch Bauern" darunter gewesen.

Statt Wahlkampf: Krah hat jetzt Zeit für eine Vortragstour

Am 21. Mai 2024 kündigt das Rassemblement National der französischen Rechtspopulistin Marine Le Pen seine Fraktionsgemeinschaft mit der AfD im Europaparlament. Die AfD steht den Franzosen zu weit rechts.

Parteien zur Europawahl

Am 30. Mai 2024 veröffentlicht das Robert Koch-Institut die Protokolle seines COVID-Krisenstabs von Januar 2020 bis April 2021. Geschwärzt sind nur personenbezogene Passagen. Später tauchen auch ungeschwärzte Versionen auf.

Geschwärzte Details aus den Corona-Protokollen

Vor der Europawahl am 9. Juni 2024 zeichnet sich ein Erfolg der Populisten ab. Die AfD könnte zweitstärkste Kraft vor SPD und Grünen werden, das „Bündnis Sahra Wagenknechts" aus dem Stand ein besseres Ergebnis als FDP und Linkspartei erreichen.

Europa vor der Richtungswahl

Für die Kanzlerpartei SPD ist die Europawahl am 9. Juni eine große Niederlage. Sie landet hinter CDU/CSU und AfD auf dem dritten Platz. Ihre Wähler verliert sie an alle Parteien, besonders viele an die CDU, das BSW und die AfD. Am meisten aber verliert sie an die Nichtwähler.

Ist der versunschene Trend zu stoppen?

Nach den Kommunalwahlen am 9. Juni 2024, die gleichzeitig mit den Europawahlen stattfinden, hat die AfD Schwierigkeiten, ihre Mandate zu besetzen. Besonders in Ostdeutschland, wo die AfD fast durchgehend stärkste Kraft wird, fehlen ihr die Leute. Etwa 250 Mandate bleiben vorläufig unbesetzt.

Löst die AfD ihr Personalproblem?

Zu den überraschenden Erkenntnissen der Europawahl am 9. Juni 2024 zählt, dass die jungen Wähler nicht etwa mehrheitlich links wählen, sondern rechts und dort vor allem die AfD. Die Rufe nach einer generellen Herabsetzung des Wahlalters auf 16 Jahre verstummen deshalb.

GRESER & Lenz

Am 21. Juni 2024 spielt in der Vorrunde der Fußball-EM die Ukraine gegen die Slowakei. In sozialen Netzwerken kursiert die falsche Nachricht, Flaggen der Slowakei seien auf der Tribüne nicht erlaubt, weil sie der russischen so sehr ähneln würden. Russland ist von der EM ausgeschlossen.

Sommermärchen 2024: Putin im Fußballfieber

Im Laufe des Jahres 2024 verschlechtert sich die Pünktlichkeitsstatistik der Deutschen Bahn abermals. Im Juni während der Fußball-EM hat jeder zweite Fernzug Verspätung. Im Juli gibt die Deutsche Bahn ihr Ziel für 2024 auf, dass mehr als 70 Prozent der Züge pünktlich sein sollen.

Die Mutprobe

Am 28. Juni 2024 findet das erste TV-Duell zwischen Joe Biden und Donald Trump statt. Es endet mit einer Katastrophe für den amtierenden Präsidenten. Biden gerät ins Stottern, kann Sätze nicht beenden, verhaspelt sich. Anschließend wird über den Gesundheitszustand des Präsidenten gerätselt und darüber, ob es nicht besser wäre, ihn als Kandidaten auszuwechseln.

USA today

Am 1. Juli 2024 entscheidet der Oberste Gerichtshof in Washington, dass ehemalige Präsidenten für „offizielle" Amtshandlungen Immunität genießen, nicht aber für „inoffizielle". Donald Trump sollte wegen versuchten Wahlbetrugs der Prozess gemacht werden. Nach diesem Urteil muss Trump einen Prozessbeginn vor der Präsidentschaftswahl im November nicht mehr fürchten.

Wie geht es weiter mit Trump?

Auch 2024 dauern Asylverfahren wesentlich länger als die drei Monate, die sich die Behörden vor Jahren als Ziel gesetzt hatten. In der ersten Jahreshälfte dauern sie durchschnittlich mehr als acht Monate, einen Monat länger als noch 2023. Zwar geht die Zahl der Asylbewerber leicht zurück, sie liegt aber immer noch auf hohem Niveau.

Am 5. Juli 2024 treffen im Viertelfinale der Fußball-EM Deutschland und Spanien aufeinander. Deutschland verliert mit 1:2.

Ist Spanien vorbereitet?

Am 8. Juli 2024 zerstört ein russischer Tarnkappen-Marschflugkörper ein Kinderkrankenhaus in der ukrainischen Hauptstadt Kiew. Zwei Menschen werden getötet, dreißig verletzt. Etwa 600 Kinder müssen verlegt werden.

Was plant der Irre noch?

Für 2024 war die Einrichtung eines Bundesfinanzkriminalamts zur Bekämpfung von Geldwäsche geplant. Anfang Juli wird bekannt, dass sich das Vorhaben wegen Unstimmigkeiten in der Ampelkoalition verzögert.

Neulich in einer Frankfurter Apfelweinwirtschaft

Auf dem NATO-Gipfel vom 9. bis 11. Juli 2024 geben die USA und Deutschland bekannt, dass 2026 in Deutschland bodengestützte amerikanische Mittelstreckenwaffen stationiert werden sollen. Am 20. Juli gibt der SPD-Fraktionsvorsitzende Rolf Mützenich bekannt, dass er die Stationierung ablehnt. Die Gefahr einer „unbeabsichtigten militärischen Eskalation" sei zu groß.

Von Trump lernen heißt siegen lernen

Am 13. Juli 2024 entkommt Donald Trump nur knapp einem Attentat. In Butler im Staat Pennsylvania wird er auf einer Wahlkampfveranstaltung von einem Geschoss am rechten Ohr getroffen. Ein Zuschauer wird getötet, mehrere andere Zuschauer verletzt. Trump wird von Sicherheitsbeamten von der Bühne getragen, reckt die Faust und ruft „fight, fight".

Amerika verändert sich

Am 21. Juli 2024 demonstrieren mehrere Zehntausend Menschen auf der Ferieninsel Mallorca gegen den Massentourismus. Auch in Barcelona gibt es Demonstrationen mit Tausenden Teilnehmern. Touristen werden mit Wasserpistolen bespritzt.

Die Sommerferien haben begonnen

Am 21. Juli 2024, knapp vier Monate vor der Wahl, verzichtet Joe Biden auf seine Kandidatur. Er schlägt seine Stellvertreterin Kamala Harris als Ersatz vor.

Wie geht es weiter mit Joe Biden?

Am 23. Juli 2024 einigen sich die Ampelkoalition und die CDU/CSU-Opposition im Bundestag, zum Schutz des Bundesverfassungsgerichts gegen Versuche extremistischer Unterwanderung mehrere Regelungen in das Grundgesetz aufzunehmen. Dort soll künftig die Anzahl der Senate und der Richter sowie die Amtszeit der Richter festgeschrieben werden. Die Wahl der Richter mit Zweidrittelmehrheit soll hingegen weiter nur im Gesetz geregelt werden.

GRESER & Lenz

Am 24. Juli 2024 gibt Bundeskanzler Olaf Schoz (SPD) seine Sommerpressekonferenz. In seiner Liste der noch unerledigten, aber dringenden Vorhaben taucht die Kindergrundsicherung nicht mehr auf. Sie war als wichtigste Sozialreform der Ampelkoalition geplant, kostet aber zu viel Geld durch neue Bürokratie.

Laut einer Studie des Instituts für Demoskopie Allensbach gibt es sechs Glücksgebiete in Deutschland: der Saalekreis in Sachsen-Anhalt, die Landkreise Dillingen (Donau) und Fürstenfeldbruck in Bayern, Düren in Nordrhein-Westfalen, Emmendingen in Baden-Württemberg und Gießen in Hessen. Die Bewohner dieser Gebiete sind besonders zufrieden mit ihrem Leben.

Im Juli 2024 beginnen die Olympischen Spiele in Paris mit einer Enttäuschung. Die Seine ist nach Regenfällen so schmutzig, dass der Triathlon der Männer verschoben werden muss.

Olympische Spiele in Paris: das geht ja gut los

Russland, Belarus und westliche Länder tauschen am 1. August 2024 zahlreiche Gefangene aus. Unter den insgesamt 26 ausgetauschten Personen sind Amerikaner, Deutsche und Gegner des Putin-Regimes. Der in Deutschland inhaftierte „Tiergartenmörder" Wadim Krassikow darf nach Moskau ausreisen.

Urlaub in Moskau: Schöne Ferien!

Um der Übermacht der russischen Armee etwas entgegenzusetzen, rücken ukrainische Truppen am 6. August 2024 in Richtung Kursk auf russischem Staatsgebiet vor.

GRESER & Lenz

Der Verband der europäischen Automobilhersteller beklagt im August 2024 einen starken Einbruch der Nachfrage nach E-Autos. Der Verkauf sei um knapp 44 Prozent gefallen. Ihr Marktanteil liege nur noch bei 14 Prozent, gegenüber 21 Prozent im Vorjahr. Ein Grund für den Rückgang in Deutschland ist die Streichung von Prämien für den Kauf von E-Autos.

GRESER & Lenz

Am 23. August 2024 werden bei einer Messerattacke auf einem Stadtfest in Solingen drei Menschen getötet. Tatverdächtig ist ein Asylbewerber aus Syrien, der aus islamistischen Motiven zuschlug und längst hätte abgeschoben werden sollen.

Die Mutprobe

Am 29. August 2024, knapp eine Woche nach dem Messerattentat in Solingen, stellt die Bundesregierung ein „Sicherheitspaket" vor. Auf Volksfesten und anderen öffentlichen Veranstaltungen, an „kriminalitätsbelasteten Orten" und im öffentlichen Nahverkehr sowie an Haltestellen sollen Messer untersagt werden. Ausgenommen sind Berufsgruppen, die ohne Messer nicht arbeiten können, zum Beispiel Köche.

Endlich handelt Deutschland

Am 1. September 2024 wird in Thüringen und Sachsen, am 22. September in Brandenburg ein neuer Landtag gewählt. In allen drei Ländern hat die AfD gute Chancen, stärkste Partei zu werden. An alle anderen Parteien richtet sich die Frage: Hält die von ihnen propagierte „Brandmauer", die eine Zusammenarbeit mit der AfD verhindern soll?

Sagt mal, Ostdeutsche, geht's noch?

Das „Bündnis Sahra Wagenknecht"
erreicht bei den Landtagswahlen in Sachsen
und Thüringen am 1. September 2004
und in Brandenburg am 22. September auf
Anhieb mehr als zehn Prozent der Stimmen.
Ohne die neue Partei können CDU und
SPD keine Regierung bilden, wollen sie ohne
AfD auskommen. Wagenknecht knüpft eine
Koalition an die Bedingung, dass sie sich
gegen Waffenlieferungen an die Ukraine und
gegen die Stationierung von amerikanischen
Mittelstreckenraketen ausspricht.

Ach, Frau Wagenknecht...

Die rechtsextremistische AfD in Thüringen wird bei der Wahl am 1. September 2024 mit Abstand stärkste Partei. Sollten sich die anderen Parteien nicht auf einen Kandidaten für das Amt des Ministerpräsidenten einigen können, könnte der AfD-Landesvorsitzende Björn Höcke zum Nachfolger von Bodo Ramelow gewählt werden, dem einzigen Ministerpräsidenten der Linkspartei.

Was geht ab im Osten?

Am 10. September 2024 stellt Bundesfinanzminister Christian Lindner (FDP)
den Haushaltsentwurf der Bundesregierung
im Bundestag vor. Er war am 17. Juli vom
Kabinett beschlossen worden. Der Entwurf
muss bis in den Herbst hinein mehrere Male
nachgearbeitet werden, weil sich immer
wieder Lücken und Löcher auftun.

Kriegt die Ampel ihren Haushalt noch hin?

Am 17. September 2024 gibt Markus Söder an der Seite von Friedrich Merz bekannt, wer Kanzlerkandidat der CDU/CSU werden soll: „Merz macht's. Ich bin damit fein und ich unterstütze dies ausdrücklich." Kurz zuvor hatte Hendrik Wüst so getan, als sei auch er im Gespräch, und beteuerte, nicht an eine Kandidatur zu denken.

Am 25. September 2024 geben die Parteivorsitzenden der Grünen, Ricarda Lang und Omid Nouripour, bekannt, dass sie zurücktreten. Sie folgen damit dem Wunsch des Bundeswirtschaftsministers Robert Habeck, des mutmaßlichen Kanzlerkandidaten der Grünen, der die Partei mit neuer Führung aus einem Stimmungstief führen will.

Rücktritt des Grünen-Vorstands: Wie erkläre ich es meinem Kind?

Am 25. September 2024 senken die EU-Staaten den Schutzstatus der Wölfe von „streng geschützt" auf „geschützt".

Am 28. September 2024 beendet die SPD-Vorsitzende Saskia Esken Diskussionen in der SPD darüber, ob Bundeskanzler Olaf Scholz der richtige Kanzlerkandidat für die Wahl 2025 sei. In der Frankfurter Allgemeinen Sonntagszeitung sagt Esken: „Olaf Scholz ist unser Kanzler und er ist unser Kanzlerkandidat."

Drohen uns amerikanische Verhältnisse?

Am 29. September 2024 finden in Österreich Nationalratswahlen statt. Erstmals wird die FPÖ unter Herbert Kickl mit knapp 29 Prozent der Stimmen stärkste Partei.

der Salamander bei Sorg ... ...
einen Käfig mit einem kleinen Wasserbecken und entsprechenden Schlupfwinkeln.
Ernährung genügen Mehl- und Regenwürmer, Insekten, Schnecken.

Alpensalamander

Alpen,
Schwäbische Alb

Salamandra atra

GRESER & LENZ

In den Alpen wird der Feuersalamander durch den Alpensalamander ersetzt, einen
... ...ten, gleichmäßig glänzend schwarzen Land-

Am 1. Oktober 2024 wird bekannt, dass Bundeskanzler Olaf Scholz nach zwei Jahren wieder mit dem russischen Präsidenten Wladimir Putin telefonieren will. Aber der Kreml lässt wissen, dass Putin kein Interesse an einem Gespräch hat.

Telefonat abgelehnt: Scholz lässt nicht locker

Am Tag der Deutschen Einheit, dem 3. Oktober 2024, sagt Bundeskanzler Olaf Scholz (SPD), dass die Wiedervereinigung für viele Ostdeutsche „eine Entwertung ihres Wissens, ihrer Erfahrungen, ihrer Lebensleistung" bedeutet habe. Das sei ein Grund für die „besondere Verstimmung" und die „Besonderheiten", die Ostdeutschland kennzeichneten.

Die gute Nachricht vom Tag der Einheit

Nach dem terroristischen Überfall der islamistischen Hamas gegen Israel am 7. Oktober 2023, dem mehr als eintausend Israelis zum Opfer fallen, gibt es Sympathiekundgebungen auf deutschen Straßen für die Islamisten. Der Grünen-Politiker und Bundeswirtschaftsminister Robert Habeck verurteilt den Antisemitismus und sagt in einer Videobotschaft: „Wer Deutscher ist, wird sich dafür vor Gericht verantworten müssen, wer kein Deutscher ist, riskiert außerdem seinen Aufenthaltsstatus. Wer noch keinen Aufenthaltstitel hat, liefert einen Grund, abgeschoben zu werden." Das Video findet in kurzer Zeit mehr als drei Millionen Zuschauer.

Ein Berliner Traum

Am 7. Oktober 2024 tritt Kevin
Kühnert als SPD-Generalsekretär zurück.
Der 35 Jahre alte Politiker gibt dafür
gesundheitliche Gründe an.

Ende Oktober 2024 sagen Umfragen ein Kopf-an-Kopf-Rennen bei den amerikanischen Präsidentschaftswahlen zwischen Donald Trump und Kamala Harris voraus. Sollte es so kommen, stellen sich die Demokraten bei einem Wahlsieg von Harris darauf ein, dass sich 2021 wiederholt. Damals hatte Trump seine Niederlage nicht eingestanden.

Am 14. Oktober 2024 greift Israel auch den Süden Libanons an, nachdem es im Gazastreifen seit Monaten Krieg gegen die Hamas-Terrormiliz führt. Im Libanon richten sich die israelischen Angriffe gegen die schiitische Hizbullah-Miliz, die aus Iran gesteuert wird und seit dem Angriff der Hamas am 7. Oktober 2023 die Städte im Norden Israels mit Raketen beschießt.

Am 18. Oktober 2024 besucht der scheidende amerikanische Präsident Joe Biden Bundeskanzler Olaf Scholz in Berlin. In Zeitungskommentaren heißt es sarkastisch über die beiden Politiker: zwei alte Hasen, zwei lahme Enten.

Am 25. Oktober 2024 setzt sich die AfD mit ihrem Antrag im Landtag von Sachsen durch, einen Corona-Untersuchungsausschuss einzurichten. Sie hätte dazu im Alleingang genügend Stimmen gehabt. Aber der AfD-Antrag erhält auch Stimmen aus der Fraktion des „Bündnis Sahra Wagenknecht" (BSW). Das empfinden CDU und SPD, die mit dem BSW über eine Koalition verhandeln, als unfreundlichen Akt.

Weil VW einen Gewinneinbruch zu verzeichnen hat, fordert der Vorstand im November 2024 von der Belegschaft einen Lohnverzicht in Höhe von zehn Prozent.

Rettet die Zeitenwende VW?

Auf die Frage, ob die SPD zu einer Minderheitsregierung bereit sei, antwortet die Parteivorsitzende Saskia Esken am 4. November 2024: „Wir sind als SPD bereit, mit der Situation, so wie sie sich entwickelt, auch umzugehen, und wir sind darauf auch gut vorbereitet."

Schafft die SPD die Wende?

Die Regierungsbildungen in Sachsen, Thüringen nund Brandenburg ziehen sich hin. Erst am 4. November 2024, knapp zwei Monate nach den Landtagswahlen, werden in Brandenburg zwischen SPD und BSW, in Thüringen zwischen CDU, SPD und BSW Koalitionsverhandlungen aufgenommen. Zuvor gab es sogenannte Kennenlern-, Options- und Sondierungsgespräche. In Sachsen verharren CDU, SPD und BSW in Sondierungen.

Tolle Aktion! Jetzt wächst Deutschland zusammen

Am 5. November 2024 gewinnt Donald Trump die Präsidentschaftswahl in den USA gegen Kamala Harris.

Großmaul oder Hoffnungsträger?

Am 6. November 2024 teilt die ukrainische Regierung mit, dass ukrainischen Soldaten zum ersten Mal auf nordkoreanische Truppen gestoßen seien, die Russland im Feldzug gegen die Ukraine unterstützen. Es soll sich um 16.000 Soldaten handeln.

Putins Verstärkung aus Nordkorea

Am Abend des 6. November 2024 entlässt Bundeskanzler Olaf Scholz (SPD) im Streit über den Haushalt für 2025 seinen Bundesfinanzminister, den FDP-Vorsitzenden Christian Lindner. Das ist das Ende der Ampelkoalition.

Scholz zeigt Führung

20 Bände Greser & Lenz:
Ein Rückblick mit
ausgewählten Witzen

2023

Widerstand der Heizungskleber

Am 8. September 2023 verabschiedet der Bundestag die Novelle des Gebäudeenergiegesetzes, auch „Heizungsgesetz" genannt. Da Hauseigentümer befürchteten, dass bald schon keine Gas- oder Ölheizungen mehr zugelassen werden, haben viele von ihnen noch schnell neue Heizungen einbauen lassen. Der Absatz von Gasheizungen ist 2023 dadurch stark gestiegen, der beabsichtigte Anstieg für Wärmepumpen dagegen ausgeblieben.

2022

Zeitenwende

Der ehemalige Fraktionsvorsitzende der Grünen im Bundestag, Anton Hofreiter, reist im April 2022 in die Ukraine und fordert die Bundesregierung auf, bis zu dreißig Schützenpanzer vom Typ „Marder" an die Ukraine zu liefern.

2021

Der neue Wandteppich für die Münchner Staatskanzlei

Am 11. April 2021 gibt der bayerische Ministerpräsident und CSU-Vorsitzende Markus Söder bekannt, Kanzlerkandidat der CDU/CSU bei der Bundestagswahl im September 2021 werden zu wollen. Die CDU entscheidet sich jedoch für Armin Laschet. Söder findet sich damit nicht ab. Im Bundestagswahlkampf stichelt der gegen Laschet und wirft ihm vor, im „Schlafwagen" an die Macht kommen zu wollen. Laschet verliert die Wahl gegen den SPD-Kandidaten Olaf Scholz.

2020

Gut gegeben

Am 10. März 2020 empfiehlt der Corona-Krisenstab der Bundesregierung, alle Großveranstaltungen mit mehr als 1000 Teilnehmern abzusagen. Von Fachleuten wird außerdem empfohlen, sich nicht mehr zur Begrüßung die Hände zu schütteln und Abstand zu halten, am besten 1,5 Meter.

2019

Deutschland macht sich klimaneutral

Das Bundesumweltministerium legt am 18. Februar 2019 den Entwurf für ein Klimaschutzgesetz vor. Darin ist die Klimaneutralität Deutschlands für das Jahr 2050 vorgesehen.

2018

Die Welt atmet auf: Trump entlässt sich versehentlich selbst

Über Twitter gibt der amerikanische Präsident Donald Trump am 13. März 2018 bekannt, dass er Außenminister Rex Tillerson entlassen hat und CIA-Direktor Mike Pompeo dessen Nachfolger werden soll.

2017

Hat die Paartherapie angeschlagen?

Am 4. Dezember 2017 gibt Horst Seehofer bekannt, dass er das Amt des Ministerpräsidenten in Bayern 2018 niederlegen werde. Auf dem Parteitag der CSU am 15. und 16. Dezember wird Markus Söder als Nachfolger nominiert. Nach langem Streit mit der Bundeskanzlerin über deren Flüchtlingspolitik sagt Seehofer zum Besuch Angela Merkels (CDU) auf dem Parteitag: „Auch wenn du es mir nicht glaubst, ich freue mich, dass du da bist."

2016

Die neuen Burka-Modelle sind da

Am 19. August 2016 fordern die Innenminister von CDU und CSU in einer „Berliner Erklärung" ein Burka-Verbot – aber nur in bestimmten Situationen und im öffentlichen Dienst. Zuvor war über ein generelles Verbot der Verschleierung debattiert worden.

2015

O'zapft is

In der Nacht vom 4. auf den 5. September 2015 erlaubt Bundeskanzlerin Angela Merkel (CDU) die Einreise von Tausenden von Migranten, die aus der Türkei kommend in Ungarn gestrandet sind. Es ist der Auftakt einer Einreisewelle von täglich mehreren tausend Flüchtlingen, die mit „Refugees welcome" begrüßt werden.

2014

Wie wird der Fußballgott entscheiden?

Deutschland und Argentinien stehen am 13. Juli 2014 im Finale der WM in Brasilien. Papst Franziskus, Fußballfan aus Argentinien, und sein Vorgänger Joseph Ratzinger schauen das Spiel nicht gemeinsam an. Deutschland gewinnt das Spiel durch ein Tor von Mario Götze in der 113. Minute.

2013

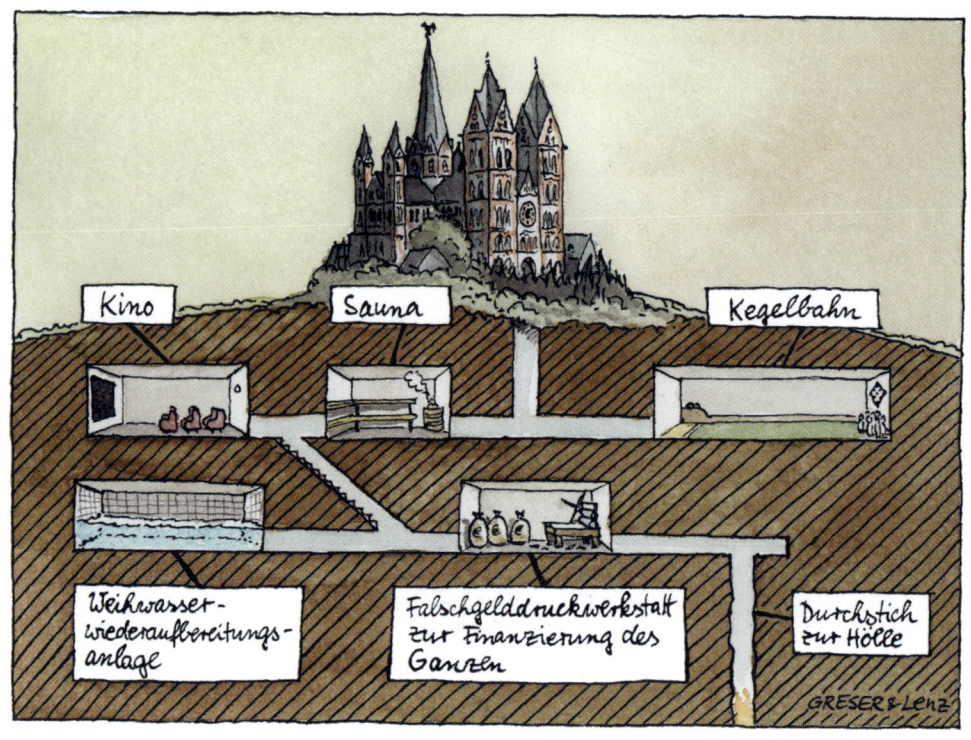

Der Domberg zu Limburg

Am 13. Oktober 2013 wird bekannt, dass das „Diözesane Zentrum Sankt Nikolaus" auf dem Domberg in Limburg, das von Bischof Franz-Peter Tebartz-van Elst in Auftrag gegeben wurde, nicht 5,5 Millionen, sondern mehr als dreißig Millionen Euro kosten wird.

2012

Pfusch Energiewende: Strom wird teurer

Im August 2012 spricht sich herum, dass die Energiewende ihren Preis hat, und zwar einen saftigen. Die Umlage auf den Strompreis, die sich aus dem Erneuerbare-Energien-Gesetz ergibt, soll um etwa die Hälfte steigen.

2011

Macht Deutschland mit beim Stabilitätsfonds?

D er Bundestag stimmt am 29. September dafür, dass der
Garantierahmen für den Euro-Rettungsfonds EFSF (meist einfach
Rettungsschirm genannt) auf 780 Milliarden Euro ausgeweitet
wird. Thüringens Ministerpräsidentin Lieberknecht beschwert sich
im Deutschlandfunk über die Karikatur: „Ich finde diese Karikatur
in der F.A.Z. mit Verlaub nicht nur unangemessen, sondern sogar
unanständig im Blick auf den Populismus, mit dem wir über Wochen
in Deutschland zu kämpfen hatten."

2010

Die Sparanstrengungen gehen weiter

Nach dem Rücktritt Horst Köhlers macht sich die Bundeskanzlerin auf die Suche nach einem neuen Bundespräsidenten. Guido Westerwelle, der Vizekanzler, mischt sich nicht ein, was ihm in der FDP wieder als Zeichen der Schwäche ausgelegt wird. Angela Merkel nominiert schließlich Christian Wulff, den Ministerpräsidenten von Niedersachsen. Die Opposition schickt Joachim Gauck ins Rennen.

2009

Neues aus der Wirtschaft

Deutschland und China liegen Kopf an Kopf im Rennen um den Titel des Exportweltmeisters. Im August sieht es so aus, als verliere Deutschland. Im ersten Halbjahr 2009 habe die chinesische Ausfuhr erstmals die stark geschrumpfte deutsche Ausfuhr überholt, teilt die Welthandelsorganisation (WTO) mit.

2008

Am 18. März 2008 sagt der Vorstandsvorsitzende der Deutschen
Bank, Josef Ackermann, einen Satz, den aus seinem Munde zu hören
Kapitalismuskritiker sich nicht hätten träumen lassen: „Ich glaube
hier nicht allein an die Selbstheilungskräfte der Märkte." Ackermann
fordert eine konzertierte Aktion von Banken, Regierungen und
Notenbanken, um die Dominoeffekte einzudämmen, die sich aus
dem Zusammenbruch des amerikanischen Immobilienmarkts ergeben
haben. Die Linkspartei steigt in Umfragen zur drittstärksten Partei im
Bund auf.

2007

Deutschland übt sich in Solidarität mit den G-8-Gegnern

Vom 6. bis 8. Juni 2007 findet im Grand Hotel Kempinski im Seebad Heiligendamm westlich von Rostock das G-8-Treffen der wichtigsten westlichen Industriestaaten statt. Das Treffen ist weiträumig abgesperrt, da es von zum teil gewalttätigen Protestaktionen begleitet wird.

2006

Am 9. Februar 2006 erteilt Bundesbildungsministerin Annette Schavan (CDU) der Kreditanstalt für Wiederaufbau (KfW) den Auftrag, Kredite für Studenten anzubieten. Gleichzeitig führen mehrere Bundesländer im Laufe des Jahres Studiengebühren ein, und immer mehr Studenten nehmen das BAFÖG in Anspruch.

2005

Am 7. Juli 2005 explodieren in London vier Bomben in drei U-Bahn-Zügen und einem Doppeldeckerbus. Dabei werden 52 Menschen und vier Selbstmordattentäter getötet und mehr als 700 Menschen verletzt. Zu den Anschlägen bekennt sich eine islamistische Terrororganisation.

Rainer Wohlfahrt

Achim Greser und *Heribert Lenz* lernten sich beim Grafikstudium an der Fachhochschule Würzburg kennen. Erste gemeinsame humorzeichnerische Experimente führten 1986 zur festen Mitarbeit beim Satiremagazin „Titanic". Seit 1996 zeichnen sie regelmäßig für die Frankfurter Allgemeine Zeitung.

Jasper von Altenbockum, Redakteur der Frankfurter Allgemeinen Zeitung, ist verantwortlich für Innenpolitik.

Band 19

Achim Greser & Heribert Lenz

Deutschland leistet Widerstand

Die Chronik des Jahres 2023

2023, 176 Seiten, vierfarbig, Hardcover
22,00 € (D)
ISBN 978-3-96251-167-8

Im Buchhandel oder unter www.fazbuch.de erhältlich.

Band 18

Achim Greser & Heribert Lenz

Zeitenwende in Deutschland

Die Chronik des Jahres 2022

2022, 208 Seiten, vierfarbig, Hardcover
22,00 € (D)
ISBN 978-3-96251-139-5

Im Buchhandel oder unter www.fazbuch.de erhältlich.

Band 17

Achim Greser & Heribert Lenz

Deutschland nach Merkel

Die Chronik des Jahres 2021

2021, 192 Seiten, vierfarbig, Hardcover
20,00 € (D)
ISBN 978-3-96251-109-8

Im Buchhandel oder unter www.fazbuch.de erhältlich.

Band 15

Achim Greser & Heribert Lenz

Deutschland Klimaneutral

Die Chronik des Jahres 2019

2019, 208 Seiten, vierfarbig, Hardcover
20,00 € (D)
ISBN 978-3-96251-067-1

Im Buchhandel oder unter www.fazbuch.de erhältlich.